AF144817

BEI GRIN MACHT SICH IHR WISSEN BEZAHLT

- Wir veröffentlichen Ihre Hausarbeit, Bachelor- und Masterarbeit

- Ihr eigenes eBook und Buch - weltweit in allen wichtigen Shops

- Verdienen Sie an jedem Verkauf

Jetzt bei www.GRIN.com hochladen und kostenlos publizieren

Georgios Dimoulis

Management als Wissenschaft

Eine kritische Betrachtung

GRIN Verlag

Bibliografische Information der Deutschen Nationalbibliothek:

Die Deutsche Bibliothek verzeichnet diese Publikation in der Deutschen National-
bibliografie; detaillierte bibliografische Daten sind im Internet über http://dnb.d-
nb.de/ abrufbar.

Impressum:

Copyright © 2012 GRIN Verlag GmbH
Druck und Bindung: Books on Demand GmbH, Norderstedt Germany
ISBN: 978-3-656-63163-7

Dieses Buch bei GRIN:

http://www.grin.com/de/e-book/271068/management-als-wissenschaft

GRIN - Your knowledge has value

Der GRIN Verlag publiziert seit 1998 wissenschaftliche Arbeiten von Studenten, Hochschullehrern und anderen Akademikern als eBook und gedrucktes Buch. Die Verlagswebsite www.grin.com ist die ideale Plattform zur Veröffentlichung von Hausarbeiten, Abschlussarbeiten, wissenschaftlichen Aufsätzen, Dissertationen und Fachbüchern.

Besuchen Sie uns im Internet:

http://www.grin.com/

http://www.facebook.com/grincom

http://www.twitter.com/grin_com

FOM Hochschule für Oekonomie & Management Frankfurt
University of Applied Sciences

Berufsbegleitender Studiengang: Wirtschaftsinformatik

4. Fachsemester

Seminararbeit für Management

Thema: Management als Wissenschaft –
eine kritische Betrachtung

Autor: Georgios Alkinoos Dimoulis

Abgegeben am:

Frankfurt, den 28.07.2012

Inhaltsverzeichnis

Abkürzungsverzeichnis

bzw.	beziehungsweise
Hrsg.	Herausgeber
S.	Seite
Vgl.	Vergleich
vs.	versus
z.B.	zum Beispiel

1 Einleitung

1.1 Themenbeschreibung

Im Rahmen der vorliegenden Seminararbeit ist es ein Anliegen, die Betrachtungsweise des kanadischen Management-Professors Henry Mintzberg in Bezug auf die Wissenschaftlichkeit von Management zu ergründen. Im Zuge einer kritischen Annäherung mit Mintzberg's Ansichten und weiterführender Recherchen soll im Anschluss daran eine eigene Position bezogen werden.

1.2 Inhaltlicher Aufbau der Seminararbeit- Vorausschau

Um das Forschungsvorhaben zu verwirklichen, wird im Folgenden zunächst in Kapitel 2 eine Einführung in die wissenschaftliche Verortung und den Managementbegriff von Mintzberg erfolgen, sowie der von ihm so gesehene Zusammenhang von Management und Wissenschaft besprochen.

Kapitel 3 beschäftigt sich mit Management und versucht sich an einer grundlegenden Definition, ebenso wie auf Management als Institution und Funktion eingegangen wird.

Wissenschaft ist das Thema von Kapitel 4. Auch hier erst eine kleine Einführung und daraufhin eine Gegenüberstellung von wissenschaftlichem Wissen und Alltagswissen.

Das Resümee wird in Kapitel 5 gezogen. Es folgt das Literaturverzeichnis.

2 Einführung Mintzberg

2.1 Wissenschaftliche Verortung von Mintzberg

Bevor Mintzberg's Theorie analysiert werden kann, sollte ein kleiner Einblick in seinen akademischen Werdegang erfolgen um ihn wissenschaftlich zu verorten[1]:

Im Jahr 1939 in Kanada geboren absolvierte er bis 1961 ein Maschinenbau-Studium und belegte zusätzlich ein geisteswissenschaftliches Zweitstudium. Seine Dissertation trug den Titel „Der Manager bei der Arbeit und die Bestimmung seiner Aktivitäten, Rollen und

---

[1] Vgl. Handelsblatt Management Bibliothek 2005, S.141.

Aufgaben durch strukturierte Beobachtung", was die Grundlage seines ersten Buches darstellte. Seit 1968 ist Mintzberg Professor für Management an der McGill-Universität in Montreal, in mehreren Gremien und Institutionen tätig, die sich mit der wissenschaftlichen Erforschung des Managements beschäftigen, an verschiedenen Universitäten als Gastprofessor beschäftigt und hat bisher zahlreiche Werke[2] publiziert, welche sich hauptsächlich mit Management, seiner Natur, Organisation und Struktur beschäftigen, so dass es von Bedeutung ist, wie er sich über den Zusammenhang von Wissenschaft und Management äußert.

2.2 Management-Praxis nach Mintzberg

Mintzberg interessiert sich im Rahmen seiner wissenschaftlichen Analysen mehr für die praktische Ausführung von Managementfunktionen. Er beschäftigst sich damit[3]:

1.) **was Manager eigentlich tun, wie sie arbeiten und welches ihre wesentlichen Funktionen in einem Unternehmen sind:** Sie sind demnach für die Repräsentation nach außen verantwortlich, sollen als motivierende Führungspersönlichkeit auftreten, als Verbindungsglied dienen, das Kontakte pflegt, sind die Schnittstelle der Informationsströme und Informationsverteiler an Mitarbeiter und Außenstehende, Veränderungsinitiatoren und Gestalter, Krisenmanager, Ressourcenverteiler und Verhandlungsführer.
2.) **wie Strategiedefinition und Planung funktionieren**.
3.) **was zum Fallstrick bei der Strategieplanung werden kann**: Ein beschränkter Weg prognostischer Techniken kann sich z.B. als tückisch erweisen, wenn ein Verlust der Realitätsbindung eintritt und wenn der Versuchung nachgegeben wird, Strategien zu formalisieren,
4.) **welches die Charakteristika der erfolgreichen Strategiefindung sind**: Erfolgreiche Strategiefindung geht nach Mintzberg aus einer Synthese hervor, ist eher informell und visionär als programmiert und formalisiert, abhängig von divergenten Gedanken, auf Intuitionen und dem Unbewussten basierend, was zu freien Räumen für Kreativität führt, unerwartet, ad hoc, geeignet für die Anwendung als Manager, auch in Zeiten von Instabilität verwendbar, Ergebnis

---

[2] Vgl. Mintzberg 2010a (Stand: 17.07.2012).
[3] Vgl. Handelsblatt Management Bibliothek 2005, S.142ff.

einer Weitsicht und visionären Herangehensweise und bezieht eine Vielzahl von Akteuren mit ein.

Bei den Ausführungen wird klar, dass Mintzberg bei seinen Analysen von Management den Fokus stark auf Eigenschaften gerichtet, die in der Persönlichkeit der handelnden Personen liegen. Das wird deutlich, wenn er von erfolgreichen Managern als `motivierenden Führungspersönlichkeiten´ spricht. Sie sollen demnach nicht nur das Vorwissen haben, um Entscheidungen verantwortungsvoll treffen zu können, sondern sollen auch motivieren und führen können, was über reines Fachwissen weit hinaus geht. Er sieht Manager als Schnittstelle und Verbindungglieder, die über die Informationskanäle `wachen´ und Informationen zum richtigen Zeitpunkt an die richtigen Personen weitergeben sollen, was ein gutes Gefühl für `Timing´ und Menschenkenntnis voraussetzt.

Auch erfolgreiche Strategiefindung ist laut Mintzberg eher informell und visionär und auf Intuitionen und dem Unbewussten basierend. In Folge dessen wären wichtige Eigenschaften, die ein erfolgreicher Manager mitbringen sollte, ein reicher Erfahrungsschatz und ein `gutes Bauchgefühl´, die ihm ermöglichen, ad hoc Strategien zu planen. Er sollte sich trauen, seinen Eingebungen zu folgen, außergewöhnliche Ideen haben, und dabei inspiriert und inspirierend sein, denn Kreativität und Weitsicht seien gefragt.

Daraus kann der Schluss gezogen werden, dass Mintzberg erfolgreiches Management stark an die ausführende Person(en) koppelt, die bestimmte charakterliche Prädispositionen mitbringen sollten, um in ihrer Funktion bestehen zu können. Er ist stark an der Management-Praxis interessiert, für deren Erfolg bestimmte Eigenschaften vorliegen müssen, die in den Subjekten liegen.

2.3 Zusammenhang von Management und Wissenschaft nach Mintzberg

Mintzberg´s Forschungsinteresse orientiert sich stark an der Praxis, wobei er Management klar von Wissenschaft trennt:

„Nach vielen Jahren der Suche nach diesen heiligen Gralen (des Managements) ist es an der Zeit, einzugestehen, dass Management weder

eine Wissenschaft noch ein Beruf im klassischen Sinne ist; es ist eine
praktische, situationsgebundene Tätigkeit, die vorrangig von der Erfahrung
lebt.[4]

Auch als klassischen Beruf sieht er Management nicht, denn ein Beruf erfordert einen hohen Professionalisierungsgrad und spezifisch erlerntes Vorwissen. Demgegenüber stellt er Management als eine praktische, situationsgebundene Tätigkeit vor, die von der Erfahrung lebt. Situationsgebunden bedeutet demnach, dass immer wieder anders, passend zur jeweiligen Situation eine Entscheidung getroffen wird, die rein auf die durch Erfahrung entwickelte Intuition und nicht auf allgemeingültige Grundsätze beruht.

Mintzberg ist demzufolge der Ansicht, dass es sich bei Management mit Sicherheit nicht um eine Wissenschaft handelt, denn bei Wissenschaft ginge es um die Erweiterung systematischen Wissens auf dem Wege der Forschung, was wohl kaum der Zweck des Managements ist, dass vielmehr darauf abzielt, die Arbeit von Organisationen zu ermöglichen und zu erleichtern- er gibt dennoch zu denken, dass Management Wissenschaft anwendet, denn es macht von wissenschaftlich fundierten Instrumenten Gebrauch, ist jedoch mehr eine Frage der Kunst bzw. des Handwerks[5].

Im Folgenden wird eine grundlegende Definition von Management formuliert und die Funktionen von Management betrachtet, wie sie in der Fachliteratur aufzufinden sind, um darauf aufbauend einen Vergleich zu Wissenschaft ziehen zu können und die Frage beantworten zu können, ob es sich bei Management um eine Wissenschaft handelt.

3 Management

3.1 Grundlegende Definition

Weatherly hat im Jahr 2009 eine grundlegende Definition formuliert, ausgehend vom Wortursprung und die wichtigsten Aufgaben zusammenfassend[6]:

Der Begriff Management wird vom lateinischen *manum agere* abgeleitet, was „mit der Hand führen" bedeutet, sodass die Grundaufgabe von Management zu aller erst die Verantwortung für die weitere Existenz eines Gutes ist, der Manager eines

---

[4] Mintzberg 2010, S.23.
[5] Vgl. Mintzberg 2010, S.23f.
[6] Vgl. Weatherly 2009, S.1f.

Unternehmens für den Fortbestand des Unternehmens sorgen und im besten Fall den Bestand im Laufe seiner Tätigkeit vermehren soll. Des Weiteren ist laut Weatherly die Schwierigkeit aus der sich die Herausforderung einer jeden Managementtätigkeit ergibt, die beständig verändernde Umwelt, was nach sich zieht, dass der Manager sich permanent sich darüber Gedanken machen muss, wie die aktuelle Situation ist, welche Ziele sich daraus für den Erhalt ergeben und wie diese Ziele zu erreichen sind. Das klassische Verständnis von Management betrachtet es als einen Prozess der Steuerung, was im Einzelnen Planung, Organisation, Führung und Kontrolle bedeutet, wobei die besonderen Voraussetzungen für ein erfolgreiches Management Charakter, Kenntnisse und Erfahrungen sind.

Auch hier wird der Charakter des Managers zu den wichtigsten Kriterien hinzugezählt. Peter Drucker, der weltweit den ersten Lehrstuhl für Management hatte, sieht darin auch eine in der menschlichen Natur angelegte Disziplin, weil es immer Menschen seien, die managen und nicht bloße mechanische Kräfte oder Faktoren[7]: Jede Leistung, die das Management vollbringt sei nämlich zugleich auch Leistung des Managers und jeder Fehlschlag des Managements sei immer auch ein Fehlschlag des Managers. Die Visionen, die Hingabe und die Integrität der Manager als Menschen sind es nach Drucker, die über Erfolg oder Misserfolg entscheiden.

3.2 Management als Institution und Funktion

Da als Manager im Allgemeinen nur die obersten und oberen Führungskräfte der Unternehmen bezeichnet werden, vertritt das Management im weiten Sinne die Interessen des Unternehmers als Arbeitgeber gegenüber der Arbeitnehmerschaft, und umfasst als Funktion Tätigkeiten, die von Führungskräften in allen Bereichen der Unternehmung (Personalwirtschaft, Beschaffung, Absatz, Verwaltung, Finanzierung, etc.) in Erfüllung ihrer Führungsaufgabe zu erbringen sind, wobei hier häufig zwischen Plan (Problem und Aufgabendefinition, Zielsetzung, Alternativplanung, Entscheidung), Realisierung (Organisation, Information, Kommunikation, Motivation der Mitarbeiter und deren Koordination) und Kontrolle (Rückmeldung, Soll-/Ist-Vergleich) differenziert wird[8].

---

[7] Vgl. Handelsblatt Management Bibliothek 2005, S.48f.
[8] Vgl. Gabler Wirtschaftslexikon o.J. (Stand: 18.07.2012).

Des Weiteren werden bei den Mitgliedern der internen Führung, die laufend im Unternehmen tätig sind, entsprechend der hierarchischen Gliederung mehrere Führungsebenen unterschieden, wobei man auch von einer oberen, mittleren und unteren Führungsebene (Top, Middle und Lower Management) spricht, der Begriff Unternehmensführung jedoch nicht nur für die Personen, die ein Unternehmen führen, steht, sondern auch für deren Handeln selbst, sodass man auch von der Unternehmensführung als Funktion oder Tätigkeit spricht und der Begriff Management oft als Synonym hierfür verwendet wird, im Mittelpunkt dessen Entscheidungen stehen, welche die Arbeit der Menschen im Unternehmen koordinieren und das Unternehmen prägen[9].

Um eventuelle Gemeinsamkeiten von Management und Wissenschaft zu finden, wird im nächsten Kapitel eine Einführung in wissenschaftliche Grundsätze und eine Abgrenzung zum Alltagswissen erfolgen.

4 Wissenschaft

4.1 Einführung Wissenschaft

Wissenschaft versucht immer zu realen Problemen allgemeingültige Lösungen zu finden und geht dabei theoriegeleitet und systematisch vor. Die Ergebnisse sollen in dem Sinne `objektiviert´ werden, dass als Resultat aus der Forschung möglichst vom Subjekt losgelöste Ergebnisse zu Tage treten. Für den Wissenschaftler selbst besteht die Herausforderung darin zu versuchen, sich selbst und seine persönlichen Ansichten aus der Auswertung herauszuhalten.

4.2 Wissenschaftliches Wissen vs. Alltagswissen

Durch die Gegenüberstellung von den beiden Wissensarten werden einige Unterschiede und damit auch die Abgrenzung zwischen den beiden Begriffen sichtbar, wodurch der Begriff des wissenschaftlichen Wissens deutlicher erkennbar wird:[10]

---

[9] Vgl. Hungenberg/Wulf 2011, S.22ff.
[10] Vgl. Dahinden/Sturzenegger/Neuroni 2006, S.27.

Nach Dahinden/Sturzenegger/Neuroni unterscheiden sich Alltagswissen von wissenschaftlichem Wissen zunächst in Bezug auf die **Vermittlung und Erwerb von Wissen**. Denn das Alltagswissen wird nicht bewusst aufgenommen und ist nicht systematisch geordnet, sodass man dieses Wissen auch als Lebenserfahrung sehen kann. Es wird nicht aus Büchern oder einer Lehrperson erfahren, sondern beim alltäglichen Handeln erworben, wobei dann meist diejenigen Personen wissend sind, die viel Lebenserfahrung haben. Wissenschaftliches Wissen wird hingegen systematisch vermittelt, indem es bewusst über Literatur oder über Personen wie Lehrer, Wissenschaftler, Dozierende weitergegeben wird.

Eine weitere Unterscheidung besteht nach Dahinden/Sturzenegger/Neuroni in der **Bedeutung und Verwendung von Wissen**. Durch alltägliche Handlungen wie Zeitunglesen, Fernsehschauen, Radiohören oder Surfen im Internet eignen wir uns Erfahrungen im Umgang mit diesen Medien an. Dieses Alltagswissen ist zwar eine Voraussetzung für die wissenschaftliche Auseinandersetzung mit Medien, unterscheidet sich jedoch wesentlich von Letzterer: Alltägliches Wissen ist hilfreich bei der Bewältigung von Alltagsproblemen, wobei wissenschaftliches Wissen jedoch so strukturiert werden muss, dass es allgemeingültig und nicht nur auf eine individuelle Handlung bezogen ist. Des Weiteren soll wissenschaftliches Wissen mehr als nur Werte und Interessen des Forschenden bzw. der Beforschten darstellen.

Die bedeutendste Differenz zwischen Alltags- und Wissenschaftswissen jedoch die ist die **unterschiedliche Verknüpfung zwischen Wissen und Person**. Bei dem einen (Alltagswissen) ist der Erwerb hoch subjektiv und das Resultat von zufälliger Alltagserfahrung, und wird durch Alltagssprache oder Handlungsroutinen vermittelt, was unsystematisch durch die Sozialisation geschieht, bei dem anderen (Wissenschaftswissen) gibt es eine entscheidende und bedeutende Trennung von Wissen und Person und es erfordert keine an die Person gebundenen Voraussetzungen und unter standardisierten Bedingungen gewonnen, wobei das methodische Vorgehen höchst kontrolliert ist[11].

---

[11] Vgl. Dahinden/Hättenschwiler 2001, S.493.

5 Resümee und Ausblick

Im Zuge der Recherche ist klar geworden, dass Mintzberg einer logischen Argumentation folgt. Da er in seinen Analysen stark den Fokus auf das Handeln des Managers gerichtet hat und Erfolg oder Misserfolg an der Person des Managers festmacht, kann er Management nicht als Wissenschaft sehen, weil der Unterschied zwischen den beiden in der Strukturierung, Objektivierung und Loslösung vom Einzelnen liegt. Demnach können Tätigkeiten, die bloß Alltagswissen erfordern, dass auf Erfahrung und eben nicht auf strukturiertem theoretischem Wissen beruht nicht als Wissenschaft angesehen werden. Auch andere Autoren benennen die Bedeutung des Charakters des Managers und zählen ihn zu den wichtigsten Kriterien für ein erfolgreiches Management.

Durch die Abgrenzung von Alltagswissen und Wissenschaft ist klar geworden, dass es eine Frage der Definition von Management ist, an welcher Stelle man es verortet. Sieht man eher die praktische ausführende Seite, die stark an das Subjekt und seinen persönlichen Erfahrungsschatz, seine Intuition und seinen Mut, auch visionäre und unpopuläre Entscheidungen zu treffen gebunden is, so ist eine deutliche Abgrenzung zur Wissenschaft notwendig.

Die Tatsache jedoch, dass Mintzberg Management noch nicht mal als Beruf sieht, ist an dieser Stelle kritisch zu betrachten. Denn ein Professionalisierungsgrad ist nötig, um Managementfunktionen ausführen zu können. In Bezug darauf, wie Managementaufgaben erfüllt werden und wie Managementwerkzeuge eingesetzt werden bedarf es eines Fundaments an Professionalität, denn sie sind der Kern der Wirksamkeit vom Management[12].

Da das Vor- und Fachwissen, das nötig ist, um erfolgreich managen zu können nicht lediglich auf Erfahrung beruht und als reine subjektive Kunst zu verstehen ist, sondern auch in hohem Maße angelernt und vermittelt werden kann, so wie die Tatsache, dass ein hoher Professionalisierungsgrad vorhanden sein muss, machen Management auf jeden Fall zu einem Beruf, der wissenschaftliche Erkenntnisse nutzt, jedoch nicht zu einer Wissenschaft an sich.

---

[12] Vgl. Malik 2006, S.77.

Literaturverzeichnis

Bea, Franz Xaver/Haas, Jürgen(2005): Strategisches Management. 4. Auflage. Stuttgart: Lucius & Lucius UTB Verlag 2005

Dahinden, Urs/Hättenschwiler, Walter(2001): Forschungsmethoden in der Publizistikwissenschaft. In: Jarren, Ottfried/Bonfadelli, Heinz(Hrsg.): Einführung in die Publizistikwissenschaft. Bern: UTB Haupt Verlag 2001, S.487-527

Dahinden, Urs/Sturzenegger, Sabina/Neuroni, Alessia(2006): Wissenschaftliches Arbeiten in der Kommunikationswissenschaft. Göttingen: Haupt Berne 2006

Gabler Wirtschaftslexikon(o.J.): Management. Online unter: http://wirtschaftslexikon.gabler.de/Definition/management.html (Stand: 18.07.2012)

Handelsblatt Management Bibliothek(2005): Die bedeutendsten Management-Vordenker. Band 03. Frankfurt/Main: Campus Verlag 2005

Hungenberg, Harald/Wulf, Torsten(2011): Grundlagen der Unternehmensführung. 4. Auflage. Berlin/Heidelberg: Springer-Verlag 2011

Malik, Fredmund(2006): Führen, Leisten, Leben. Wirksames Management für eine neue Zeit. Frankfurt/Main: Campus Verlag 2006

Mintzberg, Henry(2010): Managen. Offenbach: GABAL Verlag 2010

Mintzberg, Henry(2010a): Private Webseite. Books. Online unter: http://www.mintzberg.org/books (Stand: 17.07.2012)

Weatherly, Johny N.(2009): Handbuch Systemisches Management. Eine Anleitung für Praktiker. Berlin: Medizinisch Wissenschaftlicher Verlag 2009